ココナッツオイル & 低糖質

麗しの最強レシピ

ビューティークリエーター
ココナッツフーズ・エキスパート
中野 ちさと

監修：枡田 浩二

みらいパブリッシング

はじめに。

今、ココナッツオイルが大ブームです。

ダイエットやアンチエイジングといった美容効果はもちろん、アルツハイマー改善、痴呆症予防と、信じられないほどのミラクルなパワーを秘めている。と、テレビや雑誌がその人気に拍車をかけます。ですが、買ってはみたものの「コーヒーに垂らすだけ。」「いまいち食べ方が分からない。」「香りが苦手…。」「直ぐに飽きてしまった。」などなど、ちょっと残念な声も耳にします。

それではモッタイナイ!! ココナッツオイルはサプリメントのように舐《な》めたり飲んだりするのではなく、もっとタップリ「食用油」として、日々の食事に取り入れてこそ、〝生きる油〟なんです。

そして、このスーパーオイルのパワーを余すことなく手に入れるのに最も効果的なのは、食べ物に含まれる「糖質」を摂りすぎないこと！　なぜなら、せっかく良いオイルを食べても「糖質」を過剰摂取している限り、私達の身体の老化や肥満は進み、健康被害はなくなりません。これは最新の研究で明らかにされた事実。詳しくは本文でご紹介しますが、「上手な糖質コントロール×上質の油（勿《もち》論《ろん》ココナッツオイル♪）の摂取」こそが、健康で若い脳のまま、スレンダーな美しい身体を保ち、パワフルに生きてゆくための最大のポイントなのです。

今回、まだ日本では馴染みのないココナッツフラワー・シュガー・ビネガーと和洋中どんな料理にも使える〝無臭タイプのココナッツオイル〟をたっぷりと使い、さらに！　ご飯、パン、小麦粉などの炭水化物の糖質も最大限にカット！

〝美味しく食べて、もっと！　キレイになる〟「簡単で超〜美味しい♪　お料理」を一生懸命、考えました。

今日からでも遅くはありません。

今までの食生活を一度見直して、あなたの明日を！　一年後を！　未来を！変えてみませんか？

本書が、皆さまの健康で美しい身体づくりの一助となりますことを心より願っております。

ビューティークリエーター
ココナッツフーズ・エキスパート
中野ちさと

Contents

ココナッツオイルとは。

ココナッツオイルは、ココ椰子の実から採れる油脂です。

ココ椰子は、南国の太陽の下、一年中強烈な紫外線にさらされ、ほかの植物なら枯れてしまう海水を浴びても逞《たくま》しく成長します。そんな過酷な環境の中でも生き残るために、種や実に優れた抗酸化物質を蓄えています。ですから、ココ椰子のオイルが〝素晴らしい抗酸化力〟を持っているのは当然ですよね。

ココナッツオイルの主成分は「中鎖脂肪酸」。聞き慣れないでしょうが、これは油の種類です。「中鎖脂肪酸」は私たちの身体の中で、「ケトン体」というものに合成されます。この「ケトン体」が、私たちにミラクルな健康効果やスゴい美容作用をもたらしてくれるのです。

中鎖脂肪酸？　ケトン体？

よく分からない？　大丈夫ですよ！

ココナッツオイルは、「酸化しにくい」「中鎖脂肪酸がタップリと含まれている」「食べると身体の中でケトン体が合成される」ということだけ、理解して下さい。

NATULEO
100% natural coconut oil
ナチュレオ
生活科学研究会

ココナッツオイルの健康＆美容効果

1　ダイエット！

油はダイエットの大敵！　今までずっと、そう言われていました。ところが！　この古臭い常識をみごとに覆してくれたのが、ココナッツオイルです。ココナッツオイルは今までの植物油とはまったく違う「超〜ダイエット向きの性質」を持っているんです。

それは一体、何なのでしょう？

そのカギは、ココナッツオイルの成分の60％以上を占める「中鎖脂肪酸」です。中鎖脂肪酸は、食べるとすぐに小腸から門脈を経由して、肝臓に入ります。そこで、「ケトン体」に合成され、すぐにエネルギーとして燃焼が始まり、わずか2〜3時間で身体中にそのエネルギーが供給されるスゴ技ぶり！　そのスピードは他の油の数倍の速さです。

消化の過程で細胞に取り入れられることがないので、食べても身体に〝溜まらない油〟なのです。

さらに嬉しいのは、すでに、しっかり溜め込んでいる体脂肪を一緒に燃やすお手伝いまでしてくれるってこと！

だから、〝食べて、燃やす！〟楽ちんダイエット向きのスーパーオイル♪　なんですよ。

今までは「太るかも…」と、怯《おび》えながら食べていた揚げ物も、これからは「燃やすぞ〜っ!」と、罪悪感なしに食べられますよ〜。

2 胃もたれしない

ココナッツオイルの主成分である「中鎖脂肪酸」は素早く胃の中で分解され、すぐにエネルギーとなります。とても消化が早く、お腹に溜まらないので、胃もたれしません。揚げ物が苦手なご高齢の方もココナッツオイルだったら、安心して召し上がれますよ。

3 アルツハイマー・痴呆症の予防

アルツハイマー病は「脳が主たる栄養素の〝ブドウ糖〟をエネルギーとして上手く利用できなくなったことが一因」と解明されました。エネルギー不足になった脳は、認知機能が低下してしまうのです。

そこで「ケトン体」です! これまでは、「人の脳で利用される唯一のエネルギー源=ブドウ糖」と考えられていました。しかし、最新の研究で「中鎖脂肪酸」から作られる「ケトン体」が、ブドウ糖の代わりに脳のエネルギーとして利用されることが分かりました。
　つまり、ブドウ糖が使えず、エネルギー不足で休眠していた脳細胞が、ケトン体をエネルギー源として、再び機能しはじめる可能性があるということです。
　実際に、アルツハイマー型認知症の方が、ココナッツオイル（中鎖脂肪酸）の積極的な摂取により、認知機能が回復したという症例が報告されています。もちろん、すべての人に１００％の効果をもたらすわけではありませんが、それでも「薬」ではなく「食べ物」で病気の予防や改善ができるのですから、こんなに嬉しいことはありませんよね。

4 美肌＆アンチエイジング

肌を衰えさせたり、重大な病気を招いたり、老化のスピードを進める原因の一つが身体の「酸化」。そう、「いつまでも健康でキレイでいたい」。そう願う私たちが常に心がけておきたいのは、身体も肌も〝酸化（サビ）させない〟ことなんです。
「抗酸化」こそがアンチエイジングにつながるカギです。
　美容と健康に多大なダメージを与える酸化（サビ）を食い止めるためには、体内で発生した〝活性酸素〟を消し去る役割を持つ「抗酸化物質」を摂取するのが効果的。

そこに威力を発揮するのが、抗酸化力抜群のココナッツオイル！ です。

ココナッツオイルの中鎖脂肪酸から作られる「ケトン体」によるエネルギー代謝は、酸化の原因である〝活性酸素〟の生成量が少ないことがわかっています。ココナッツオイルを日常の食生活に取り入れることで、細胞がよりクリーンなエネルギーで活動することができるのです。つまり、食べるだけで、サビにくい身体になれるということ。当然、美肌づくりやアンチエイジングにもとても効果的なんですよ。

5 抗菌作用＆免疫力アップ

ココナッツオイルの主成分「中鎖脂肪酸」の中の一つが「ラウリン酸」。「ラウリン酸」は母乳にも含まれており、免疫力を高めて細胞を強くする働きがあります。抵抗力を持たずに産まれてくる赤ちゃんが元気でいられるのは、母乳から摂取するラウリン酸のおかげです。また、ラウリン酸は非常に強い抗菌作用を持つため、風邪やインフルエンザの感染症予防にも効果を発揮します。免疫力もアップするので、ココナッツオイルを食事に取り入れるようになってからは、私も家族も風邪をひきにくくなりました。
　もう一つ、抗菌作用を生かした面白い使い方が「オイルプリング」。やり方は簡単♪
　ココナッツオイル大さじ一杯を口に含み、15分ほど〝ぶくぶく〟、口をすすぐのです。えっ？　油で口をすすぐ？……大丈夫ですよ。無臭タイプのココナッツオイルだったら、油臭い！　なんてことはまったくありませんから。それどころかラウリン酸の抗菌作用で、歯周病を防ぐ効果は絶大！　口腔《こうくう》内の雑菌を減らすことは、全身の健康にも繋《つな》がるので、ぜひ取り入れていただきたいと思います。
　私も毎朝、ぶくぶく、クチュクチュ、やってます。おかげで口内炎はすぐに治るし、歯茎の炎症などのトラブルもまったくありません。口臭予防やドライマウスにも効果的。ぜひ、毎日の習慣にして下さい。
　クチュクチュの後は飲み込まないこと。ペーパーか、ビニール袋に吐き出して下さいね。

大注目の「ケトン体」って、何？

ケトン体質になる！

ケトン体とは、身体の中の脂質から作られるエネルギー源のことです。

今まで、私達の脳や身体のエネルギー源は「ブドウ糖」だけと信じられていました。ですが！　人はブドウ糖の代わりに脂質から合成される「ケトン体」という新たなエネルギー源を利用できるということが最近、見直されてきました。

現代の私達の食事は、ご飯やパン、パスタ等の炭水化物（糖質）に偏りがちです。さらに、甘い飲み物やお菓子を不必要なほど口にするので、多くの人が「糖」の過剰摂取状態。摂りすぎた「糖」は、脂肪細胞に〝中性脂肪〟として溜め込まれた結果、肥満体に……。また、身体中にあふれた「糖」がアルツハイマー、痴呆症、老化を始め、様々な病気の原因となっていることも明らかになってきました。シミやシワ、たるみなどの肌トラブルも実は摂り過ぎた糖質が原因の一つなんです。

だったら「糖」の代わりに「ケトン体」を使えばいいんです！

私達の脳や身体が、「ケトン体」をエネルギーとして動く様になれば、糖の過剰摂取による様々な病気や身体のトラブルは激減するはずです。

ただし、「ケトン体」は体内のブドウ糖が枯渇して、初めて合成されます。つまり、今まで通り、ごはんやパンを主食とした糖質まみれの食生活を続けている限り、ケトン体はいつまでたっても出番がありません。ですから、今すぐに！　あなたの食生活を見直すことが何よりも大切。

「摂り過ぎていた糖質」を上手にコントロールして、「ケトン・エネルギー」でいつまでも若々しく、スムーズに動く脳や身体を手に入れましょう。

さて、覚えていますか？　ココナッツオ

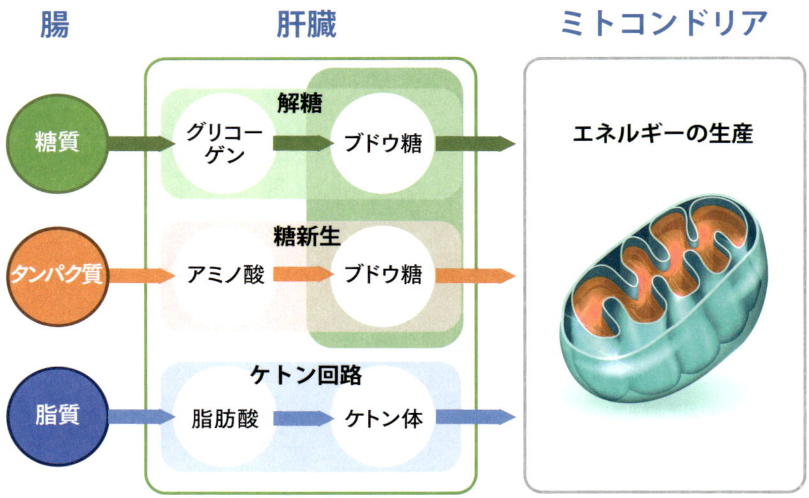

エネルギーは、肝臓で作られたブドウ糖やケトン体を燃料にして、細胞内にあるミトコンドリアという小器官で生産されています。ケトン体を作り出すには、低糖質食が必須。糖質の過剰摂取をやめることで、「解糖」や「糖新生」によるブドウ糖生産を減らし、ケトン体を優先的に作り出します。

イルの主成分である「中鎖脂肪酸」が体内で「ケトン体」に合成されることを！　そう、ケトン体を作り出すのに最適なのが、ココナッツオイル♪　そして、ココナッツオイルをたっぷり使い、糖質をしっかり抑えた「麗しの最強レシピ」です。
　ケトン・エネルギーで軽やかに動く「ケトン体質」へのスタートにお役立て下さいませ〜。
　ところで……。トーストにココナッツオイルをつけて食べてる人、まだいらっしゃいますか？
　これって、笑っちゃうほどナンセンス。もうお分かりでしょ？　パンは炭水化物（糖質）です。いくら中鎖脂肪酸たっぷりのココナッツオイルを食べても、糖質を一緒に食べると、ケトン・エネルギーは働きませんよ〜。お気をつけ下さいませ。

カロリー計算必要なし！

たった2週間で食べてやせる「ケトン・ダイエット」

♡ケトン・ダイエットは健康な方を対象にお勧めしています。
体調に問題がある方、ご病気をお持ちの方は主治医に指示を仰いで下さい。

２週間後には身体の変化を
実感できるケトン・ダイエット。
カロリー計算はもちろん、
食べる量を気にする必要もなし！
美味しく食べて、
やせる身体に体質改善しちゃいましょう！

「ケトン・ダイエット」は今までのようなカロリー計算は全く必要ありません。注意するのは、甘い食べ物、飲み物を２週間は止めること！　そして、食事に含まれる糖質の量をできるだけ減らして、食欲がみたされるまで脂質をたっぷりと摂取するだけなんです。極端にドカ食いしなければ、食べる量も気にしなくてもＯＫ～♪

　糖質以外のお肉やお魚、野菜はお腹いっぱい食べられるから、お腹が空くこともなく、辛いこともありません！　今まで、数あるダイエットに挫折してきた方も、きっと大丈夫！

　糖質を制限して、身体が第二のエネルギーであるケトン体で動くようになれば、甘いお菓子や炭水化物を食べたい欲求が……嘘のようになくなるから不思議です。

　しかも！　たったの２週間!!　で、あなたの身体が変わるのが実感できますよ。

　美味しく食べて、若がえりダイエット♪
今日から始めましょう。

さぁ、始めましょう！「ケトン・ダイエット」

1

1日に摂取する糖質（炭水化物）の量を50g以下に制限します。

↓茶碗1杯分のご飯の糖質は約50g。これを目安にすると、パン、パスタ、うどん等の炭水化物はもちろん、ケーキ、アイスクリーム、ジュース、カクテル等の甘い物がNGなのはわかりますよね。またソーセージやハムなどの加工食品やケチャップやソース、ドレッシングなどの調味料に含まれる〝隠れ糖質〟にもご用心。ヘルシーなイメージの和食や中華料理の中にも、砂糖たっぷりのメニューがあるんです。納豆にも、10%の糖質が含まれているんですよ！　だから、ケトン・ダイエット中は外食やお総菜のチョイスにも十分に気をつけて下さいね。

2

1日の「タンパク質量」を体重の1000分の1以上摂取します。

↓体重が60kgの人は1日に60g以上のタンパク質量が必要です。肉100gに含まれるタンパク質量は約20g。よって、60gのタンパク質を摂るには、1日に300gの肉を食べる必要があります。肉、魚以外にも卵やチーズ、高野豆腐、ナッツ類などもお勧めです。

3

ミネラルと食物繊維を摂るため、野菜を1日350g以上たっぷり食べます。

↓基本的に野菜はたくさん食べても良いのですが、イモ類、カボチャなどの根菜類は糖質が高いのでダイエット中は要注意！　果物も糖度の高いバナナ、パイナップル、柿よりは、比較的糖質の少ないベリー類や柑橘《かんきつ》類を食べましょう。

4

ココナッツオイルを中心に脂肪・オイルを満腹になるまで食べましょう！

↓ココナッツオイルやココナッツミルクに含まれる中鎖脂肪酸はケトン・エネルギーの材料。糖質制限中の身体をサポートしてくれますので、しっかり食べましょう。肉やベーコン、バター、チーズ等の油脂も恐れることなくたっぷりと召し上がれ。

以上が、ケトン・ダイエットの方法です。まずは2週間！　それでもダメなら目標体重まで頑張って下さい。

目標体重に達したら、糖質は少しずつ摂ってもOK！　です。

ただし！　ここで油断しないこと。もう二度と太らずに、健康と若々しさをいつまでも保つには、ずっと、ゆる〜いケトン・ダイエット（ゆるケト・1日の糖質量100〜120g）を続けるのがお勧めです。

私も、ずーっと〝ゆるケト〟をやっていますが、お腹も空かないし、疲れない！　お肌の調子も絶好調♪　といいことずくめ。時々は甘い物やバゲットなんかもいただきますが、太る心配をしたことは一度もありませんし、リバウンドもありません。

最後に気になるお酒類についてです。

ケトン・ダイエットは単なる糖質制限とは違います。ケトン・ダイエットの目的の一つはケトン体を発生させること。ところが！　アルコールが体内に入った瞬間に折角動き出したケトン回路は止まっちゃうんです！　それはモッタイナイ!!　でしょ!?　なので、確実なダイエットが目的ならば、お酒は控えた方がベストです。どーしても飲みたい方は、100歩譲って、蒸留酒かワインを1杯だけ……で♪

「麗しの最強レシピ」は時々、無性に食べたくなるブレッドやピザ、チャーハン、デザートまでも低糖質！　安心して召し上がって下さい。

100% NATURAL
OIL

ナチュレイ

ココナッツオイルの取り扱い方

「美味しく食べるためのお約束」

24℃がカギ！

ココナッツオイルは24℃以下で固まり、それ以上でサラサラになります。レシピで〝溶かしたもの〟と表記がある場合は、40℃くらいのお湯で湯煎し〝完全に溶かして〟から使って下さい。白濁のままだと、上手く混ざらないことが多いのでお気をつけ下さい。

混ぜちゃダメ！

ココナッツオイルは他の油（サラダオイル、オリーブオイル、バターなど）と絶対に混ぜないこと。分離したり、飛び散りの原因になります。

湯煎は40～50℃！

お風呂より熱いくらいのお湯で簡単に溶かすことができます。
その時に水が入らないようにご注意下さい。

小分け使いが便利！

広口のガラス瓶に小分けしておくと使いやすいです。

型を使って楽々保存！

製氷皿やシリコンの型で固めて、保存しておくと使いやすいです。

レンジで溶かさない！

湯煎は面倒だからといってココナッツオイルをレンジで溶かすのは、危険なのでやめて下さい。

常温保存で大丈夫！

直接日光が当たらなければ、常温保存で大丈夫です。酸化に強いため、開封しても劣化しにくく、溶けたり固まったりを繰り返しても問題ありません。湿気は劣化を起こすことがあるので、開封後はドライな環境で保管し、早めに使いきりましょう。

実は経済的！

ココナッツオイルは酸化しにくい油です。揚げ物の後のオイルも炒め物などで、美味しく召し上がっていただけます。

食べ過ぎ注意！

ココナッツオイルは一度に大量に摂取すると、お腹がゆるくなることがあります。その場合は量を加減して召し上がって下さい。

ごく希にアレルギー反応が出ることも！

ココナッツオイルは自然の食べ物です。ごく希にアレルギー反応が出ることもあります。

ココナッツフラワーの取り扱い方

吸水の割合が変わることも！

ココナッツフラワーはブランドにより吸水の割合が変わることがありますので、各自ご調整下さい。

その他の材料の取り扱い方

味付けは自分好みに！

調理材料の種類、分量はこれが絶対というものではなく、あくまでも参考例です。家庭により、また調理する人によって好みがちがいますので、必ず「味見」をしてお好みの味に調整して美味しく召し上がって下さい。

甘さの」「質」を選びましょう！

甘みには天然の蜂蜜を使っています。より優しい甘さがほしい方はココナッツシュガー（ココヤシの花蜜糖）を。もっと糖質を制限したい方はラカントSで代用して下さい。

Part 1

お肉、お魚、タンパク質たっぷり

キレイになるメイン

お肉はダイエットの〝敵〟ではありません！
「ケトン体質」になるには
１日に体重の 1/1000 量のタンパク質が必要。
お肉・お魚、バランスよく食べて下さいね。

［詳しくはP18のケトン・ダイエットのページへ］

1人分の糖質 1.2g

鴨の簡単ロースト ココナッツビネガー・ソース

たまにはお家でお洒落な一皿を！　鴨肉はヘム鉄やビタミンB2たっぷりのビューティーミート♪　厚切りカットをローストすれば、簡単に作れます。

〈材料〉２人分

鴨胸肉……………………………厚さ2cm幅を４切れ

ソース

- ココナッツビネガー ……大さじ３
- フォンドボーの素 ………1/2個（またはビーフコンソメの素）
- 赤ワイン …………………小さじ２

塩・こしょう…………………適量

ココナッツオイル（無臭）……適量

〈作り方〉

1 2cm幅の厚さに切った鴨胸肉をココナッツオイルをひいたフライパンで裏表側面すべてに焼き色をつけ、ふたをしてしっかりと焼く。

2 １切れずつアルミホイルできっちり包み５～６分ほど置いておき、余熱で火を通す。

3 鍋にソースの材料を入れ約1/3量まで煮詰め、塩・こしょうで味をととのえる（ソースは固めに）。

4 ２の厚みを半分に切って皿に盛り、３のココナッツビネガーソースをかける。

one point

◆ 中心まで温かいけど火が通り過ぎないピンク色に仕上げます。

◆ ココナッツビネガーがない場合、同量のバルサミコ酢とココナッツシュガー小さじ１をご利用下さい。

◆ 鴨胸肉は鶏肉専門店で必要な分だけカットしてもらえます。

◆ 手に入りやすい薄切り肉をソテーしても美味しくいただけます。

１人分の糖質 12.4ｇ

豚肉の
ココナッツクリームシチュー

小麦粉のルーを使わないグルテンフリーのクリームシチュー。
ココナッツミルクと豆乳だけで、まるで生クリームのようなコクのある仕上がりです。

〈材料〉２人分

豚肉（カレー・シチュー用）…200g
玉ねぎ……………………………1/2 個
にんじん…………………………1/4 本
エリンギ…………………………1/2 本
ブロッコリー……………………1/4 株
A
- ココナッツミルク… 100ml
- 無調整豆乳 …………300 ～ 400ml
- チキンコンソメの素…1/2 個
- ローリエ……………… １枚

ピザ用チーズ……………………20g
塩・こしょう……………………少々
ココナッツフラワー………大さじ１
ココナッツオイル（無臭）…大さじ２

one point

◆ 温めなおす時は、水ではなく、ココナッツミルクまたは無調整豆乳を入れて、火にかけ、なめらかになるまで混ぜて下さい。

◆ 鶏肉でも美味しくできます。

【下準備】

① 玉ねぎを薄切りにする。
② 豚肉は塩・こしょうで下味をつけ、ココナッツフラワー大さじ 1/2 を薄くまぶしておく。
③ エリンギは食べやすい大きさに切る。
④ ブロッコリーは小房に分け、固めに下ゆでしておく。
⑤ にんじんは小さめの乱切りにする。

〈作り方〉

1 鍋にココナッツオイルを熱して、玉ねぎを透き通るまで炒める。

2 豚肉とにんじんを加え、炒める。

3 ココナッツフラワー大さじ 1/2 をふり入れる。

4 Ａを入れる。

5 すべての材料に火が通ったら、ブロッコリーとピザ用チーズを加える。最後に塩・こしょうで味をととのえる。

１人分の糖質 15.2ｇ

赤身 100％！
煮込みハンバーグ

ココナッツオイルを混ぜ込むことで赤身のお肉がしっとりジューシーに。軽く焼き色をつけたら、リコピンたっぷりのトマト缶で煮込むだけ。フライパン１枚でできるお手軽ディナー。

〈材料〉２人分

牛ひき肉……………………………300g
玉ねぎ（みじん切り）……………１個
A
- おからパン粉……………大さじ1（作り方は P58 参照）
- 卵……………………………１個
- ココナッツオイル（無臭）大さじ１
- 無調整豆乳………………小さじ１
- ミックスハーブ…………小さじ１
- ケチャップ………………大さじ１

トマト缶 …………………………１個
セロリ（みじん切り）……………１本
B
- ケチャップ………………大さじ1
- しょうゆ…………………少々

赤ワイン …………………………100ml
塩 …………………………………少々
黒こしょう ………………………少々
ココナッツオイル（無臭）………大さじ２

〈作り方〉

1 フライパンにココナッツオイル大さじ１を熱し、玉ねぎを炒める。

2 ボウルに牛ひき肉を入れ、塩、黒こしょうを加え、粘りが出るまでよくこねる。

3 ２にＡと炒めた玉ねぎをを加え、さらに混ぜて４等分にする。

4 フライパンにココナッツオイル大さじ１を熱し、タネを並べ入れる。両面こんがりと焼く(中まで火が通らなくてもＯＫ！)。

5 赤ワインを入れ、アルコールを飛ばす。

6 ザッとこしたトマト缶と、セロリを入れて、弱火でじっくり煮込む。途中、Ｂと塩、黒こしょうを入れて味をととのえる。

one point

◆ できあがったソースに刻みアーモンドを入れるとさらに美味しいです！

1 人分の糖質 4.4g

牛肉のオイルソテー

焦がししょうゆで香ばしく！　お肉たっぷりの簡単メニュー。

〈材料〉 2人分

牛薄切り肉……………………200g
トマト…………………………1個
にんにく（みじん切り）………1片分
クレソン………………………1束
しょうゆ………………………少々
塩・こしょう…………………少々
ココナッツオイル（無臭）…大さじ2
ココバター（あれば）………少々
（作り方は P59 参照）

〈作り方〉

1 牛薄切り肉は食べやすい大きさに切る。

2 フライパンにココナッツオイルを熱してにんにくを炒め、香りが立ったら牛薄切り肉を入れて強火で焼きつけ、塩・こしょうで味をととのえる。仕上げにしょうゆを鍋肌から回し入れる。

3 トマトを薄切りにしてその上に牛薄切り肉をのせ、クレソンを添える。

one point

◆ 最後にココバターを加えて、こくを出しても美味しいです！

1人分の糖質 2.0g

鶏肉のツナクリームソース

鶏胸肉もココナッツオイルでしっとり。ゆで汁ごと冷蔵保存できます。

〈材料〉 2人分

鶏胸肉（皮なし）…………………1枚

長ねぎ（青い部分のみ）……………1本

A
- しょうがの薄切り………3～4枚
- 酒…………………………大さじ2
- ココナッツオイル（無臭）…小さじ2

ソース
- ノンオイルツナ缶………1缶
  （缶汁を切る）
- ココマヨネーズ…………40g
  （作り方はP56参照）
- ケッパー…………………5g
- ワインビネガー…………5ml
- こしょう…………………少々
- レモン……………………少々

〈作り方〉

1 鍋に水、鶏胸肉、長ねぎ、Aを入れて火にかける。煮立ったら、弱火で5～6分煮込む。火を止めて、そのまま常温まで冷ます。

2 ソースの材料をすべてミキサーにかける。

3 器に好みの葉野菜を盛り、食べやすい大きさに切った鶏胸肉をのせソースをかける。

one point

◆ マヨネーズは市販品でもOK！

1人分の糖質 11.8g（カレー）、12.0g（キヌア）

えびと野菜の簡単カレー キヌア添え

短時間でできる簡単カレー。えびの代わりに鶏ささみでも美味しくできます。
ご飯の代わりにスーパーフードのキヌアを添えて。

〈材料〉 4人分

えび…………大12尾
玉ねぎ（すりおろし）…………大1個
なす…………1本
パプリカ…………1個
アスパラ…………4本
トマト（湯むきしてざく切り）……2個
にんにく（みじん切り）…………1片分
しょうが（みじん切り）…………1かけ
カレールー…………90g
（作り方はP58参照）
水…………300ml
ローリエ…………1枚
固形スープの素…………1個
ココナッツオイル（無臭）………大さじ2
キヌア…………1カップ
（※ただし使用量は炊きあがりの1/2）

〈作り方〉

1 野菜を食べやすい大きさに切る。

2 えびは殻をむき、背わたを取る。

3 鍋にココナッツオイル、にんにく、しょうがを炒めて、香りが立ったら、えびを炒めて一旦取り出す。

4 玉ねぎを炒める。あめ色になるまでしっかり炒めると、コクとうまみが増します。

5 4にほかの野菜を加えて、水、ローリエ、固形スープの素を入れ、野菜に火が通ったら、ルーを入れて約10分煮込む。えびを戻してひと煮立ちしたらできあがり。

one point

◆ 野菜は火の通りやすいものを。

◆ お好みでリンゴのすりおろし（1/4個分）を入れても美味しいです。

キヌアの炊き方

〈材料〉作りやすい分量　●糖質 96.0g（総量）
キヌア…1カップ／ココナッツオイル（無臭）…大さじ1／コンソメの素…1/2個／水…2カップ
〈作り方〉
1. フライパンにキヌア1カップを入れ、ココナッツオイルで炒める。
2. 水とコンソメを入れて、ふたをして、約15分水がなくなるまでたく。
3. 火を止めて、ふたをして、約10分蒸す。
4. 白いひげが出てきたら完成です。

1 人分の糖質 14.3g

エスニック・グリーンカレー

自宅で手軽に本格的なグリーンカレーが完成！
ピリッとした辛さの中にココナッツミルクの甘みが溶け込んだクセになる味です。

〈材料〉4 人分

鶏胸肉	1 枚
なす	1 本
赤ピーマン	1 個
いんげん	4 本
マッシュルーム	8 個
ココナッツオイル（無臭）	大さじ 1
グリーンカレーペースト	50g
ココナッツミルク	1 缶（400ml）
水	200ml
バイマックルー（あれば）	2 枚
ナンプラー	大さじ 2
ココナッツシュガー	大さじ 1
バジル	適量

one point

◆ 鶏胸肉の代わりにえびを入れても美味しいです。

◆ 辛いのが苦手な方はグリーンカレーペーストを少なめにして、ココナッツミルクを増やして下さい。

◆ バイマックルーとはコブミカンの葉で、乾燥のものがスーパー等で売られていますが、入れなくてもかまいません。

◆ ココナッツシュガーが手に入らない時は砂糖で代用してください。

〈作り方〉

1 鶏胸肉は皮を除き、一口大に切る。

2 なすは乱切りにして水にさらしてアクを抜き、赤ピーマンは種を取って一口大に切る。いんげんは筋を取って 4 cm 長さに切る。マッシュルームは石づきを取る。

3 鍋にココナッツオイルとグリーンカレーペーストを入れてよくなじませてから、弱火にかけじっくり炒める。香りが立ったら、ココナッツミルク、水、バイマックルーを加える。

4 なす、マッシュルームを加え、なすが柔らかくなってきたら、鶏胸肉、赤ピーマン、いんげんを加えて軽く煮込む。ナンプラー、砂糖を加え、味をととのえる。

5 火を止めて、バイマックルーを取り出し、バジルの葉を加える。

1人分の糖質 5.9g

サバのチリトマトソテー

いつもは和風のサバもトマトソースにガーリックを利かせてイタリアンで！
アジや白身魚でも美味しくいただけます。

〈材料〉2人分

サバ（切り身）……………………2切れ
にんにく（薄切り）………………1片分
塩・こしょう……………………少々
ココナッツフラワー……………適量
ココナッツオイル（無臭）………大さじ1

ソース

玉ねぎ（みじん切り）………1/4個分
赤とうがらし（輪切り）……1本分
ホールトマト缶……………1/2缶
白ワイン……………………大さじ2
ココナッツオイル（無臭）…小さじ1
塩・こしょう………………少々

〈作り方〉

1 サバは塩・こしょうをして下味をつけ、ココナッツフラワーをまぶす。

2 フライパンにココナッツオイル大さじ1を熱してにんにくを炒め、きつね色になったら取り出す。

3 2のフライパンにサバの皮を下にして並べ、焼き色がついたら裏返して同様に焼く。

4 ソースを作る。別のフライパンにココナッツオイル小さじ1を加えて、とうがらしと玉ねぎを炒める。しんなりしたらホールトマトをつぶしながら加え、白ワインを加えて、弱火で約10分煮詰める。

5 4にサバを戻してふたをし、約5分弱火で煮て、塩・こしょうで味をととのえる。

6 皿にソースを敷き、サバを盛り付け、にんにくを散らす。

one point

◆ サバは表面にココナッツオイルを塗ってグリルで焼いても、美味しいです。

1 人分の糖質 11.1 g

サーモンと里芋の和風グラタン

豆腐と豆乳、ココナッツミルクのホワイトソースは小麦粉不使用でもトロリと濃厚。
みそが隠し味の大人のグラタン。

〈材料〉4 人分

サーモン…………………2切れ(約200g)
ココナッツフラワー……適量
ほうれん草………………1 束
マッシュルーム…………8～10個
里芋………………………150g
長ねぎ……………………1本
豆腐ソース
- 豆腐…………………200g
- ココナッツミルク…200ml
- 無調整豆乳…………100ml
- みそ…………………小さじ2
- 塩・こしょう………少々

ココナッツオイル（無臭）大さじ2
ピザ用チーズ……………適量

【下準備】

① 豆腐はしっかりと水気を切る。
② 豆腐ソースの材料をなめらかになるまで混ぜ合わせておく。
③ サーモンは一口大に切り、塩・こしょうをしてココナッツフラワーをまぶして、ココナッツオイル大さじ1で軽くソテーする。
④ 里芋はよく洗ってラップに包み柔らかくなるまでレンジで加熱して、皮をむいて食べやすい大きさに切る。
⑤ ほうれん草は軽く下ゆでして、3～4㎝長さに切る。
⑥ 長ねぎは小口に切る。

〈作り方〉

1 鍋にココナッツオイル大さじ1を熱し長ねぎをしっかり炒める。

2 マッシュルーム、里芋、ほうれん草、サーモンを加えてさらに炒める。

3 豆腐ソースを加え、ひと煮立ちさせる。

4 ピザ用チーズをふたつまみ加える。

5 4をグラタン皿に入れて、ピザ用チーズをのせ、オーブントースターで焼く。焼き色がついたら完成。

one point

◆ 糖質が高めの芋類の中では、里芋は比較的低糖質です。

◆ 豆腐の水気を切るのに急いでいる時はペーパータオルで包んだ豆腐をレンジで加熱すればOK！（1丁につき600Wで4～5分）

白身魚のココナッツオイル蒸し

ココナッツオイルをたっぷり塗って、淡白な白身魚もコクが倍増！

〈材料〉4 人分

白身魚……………………………2 切れ
塩…………………………………少々
酒…………………………………少々
ココナッツオイル（無臭）………大さじ 2
長ねぎ（白髪ねぎにする）………1/2 本
三つ葉……………………………適量
糸とうがらし……………………適量

中華風香味ダレ

ココナッツオイル（無臭）…小さじ 1
ごま油……………………小さじ 1
しょうゆ…………………大さじ 1
酢…………………………小さじ 2
ココナッツシュガー……小さじ 1/2
豆板醤……………………少々
長ねぎ（みじん切り）……適量
しょうが（みじん切り）……適量

1 人分の糖質 2.0 g

〈作り方〉

1 白身魚は塩をふってしばらく置き、ペーパータオルで余分な水分を拭き取る。耐熱皿に並べ、ココナッツオイル大さじ 1 と酒をふる。

2 蒸し器の蒸気が立ったら、白身魚を耐熱皿ごと入れ火が通るまで蒸す。

3 中華風香味ダレの材料をすべて混ぜあわせておく。

4 2 を皿に移し、白髪ねぎ、三つ葉、糸とうがらしを飾り、中華風香味ダレをかける。

1 人分の糖質 9.5 g

アジのハーブパン粉焼き

超低糖質のおからパン粉焼き。
タンパク質がしっかり摂れるアジをハーブとオレンジの香りでどうぞ！

〈材料〉2 人分

アジ（3枚おろし）……………2尾
レモン…………………………1/2 個
トマト（薄切り）………………1 個
オレンジ（薄切り）……………適量
塩・こしょう…………………少々
ココナッツオイル（無臭）……適量

おからハーブパン粉

- おからパン粉 ……………1 カップ（作り方は P58 参照）
- にんにく（みじん切り）……1 片分
- 乾燥ミックスハーブ ……小さじ 2
- パルメザンチーズ ………大さじ 2
- ココナッツオイル（無臭）…大さじ 3

〈作り方〉

1 アジに塩・こしょうをしておく。

2 おからハーブパン粉の材料はよく混ぜ合わせておく。

3 耐熱皿にアジ、トマト、オレンジを並べる。おからハーブパン粉をのせて、ココナッツオイルをたっぷり回しかけ、200℃のオーブンで約 15 分焼く。

one point

◆ グリル、オーブントースターでも美味しく仕上がります。

＊普通のパン粉で作った場合、糖質はなんと！ 1 人分 21.5g にも !!

STAUB

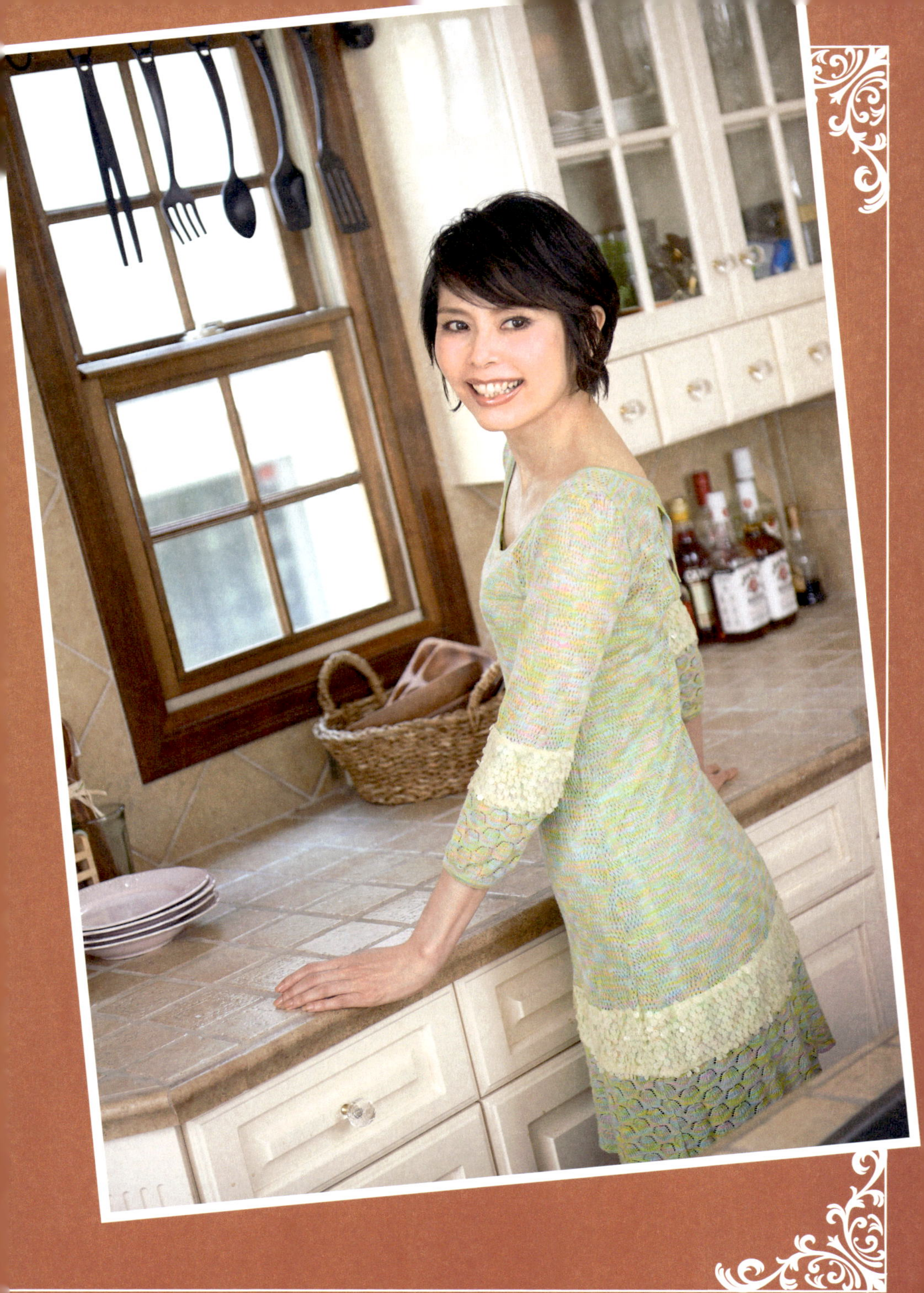

Part 2

罪悪感なしに食べられる

魔法の揚げもの

今まで、我慢していた揚げものも
身体に溜まらない
〝ココナッツオイル〟で揚げれば
ダイエッターの強い味方！
サクッ、カリっと美味しくいただけますよ。

〈材料〉 2人分

骨付き鶏肉 ……………………5～6本
（または鶏胸肉1枚）

ココナッツフラワー ………適量

卵 ……………………………1個

つけだれ

- しょうゆ…………………大さじ1
- レモン汁…………………大さじ1
- おろしにんにく…………少々
- みりん……………………小さじ1
- 黒こしょう………………少々

ココナッツオイル（無臭）…適量

〈作り方〉

1 つけだれの材料を混ぜ合わせる。

2 1に骨付き鶏肉を1～2時間漬け込む（この時、ビニール袋やフリーザーバッグを使うと便利です）。

3 骨付き鶏肉の水気を切って、溶き卵をつけて、ココナッツフラワーをまぶす。

4 鍋にココナッツオイルを170℃に熱し、薄く色づくまで揚げる。

5 グリルまたはオーブンで中までしっかり火を通す。

one point

◆ 骨付き鶏肉は火が通りにくいので、一度揚げた後、必ずグリルかオーブンで中まで火を入れて下さい。

◆ 一口大にカットした鶏胸肉を使う時は揚げるだけで出来ます。

1 人分の糖質 5.2ｇ

レモン風味のＮＹフライドチキン

たっぷりのレモン果汁に漬け込んだお洒落なフライドチキン。
サクッと美味しいＮＹマダム秘伝のレシピを召しあがれ♪

１人分の糖質 5.4ｇ

鶏ささみと色々野菜のアヒージョ

衣をつけないので、超低糖質！　おもてなし料理やホームパーティーにもぴったりです。

〈材料〉２人分

鶏ささみ……………………………２本
えび…………………………………４尾
マッシュルーム……………………６個
エリンギ……………………………１本
好みの野菜…………………………適量
（パプリカ、アスパラ、ミニトマト、カボチャ、ヤングコーンなど）
にんにく……………………………１片
赤とうがらし………………………１本
塩・こしょう………………………少々
ココナッツオイル（無臭）…………適量
アンチョビ（フィレ）………………１枚

〈作り方〉

1 鶏ささみは筋を除いて食べやすい大きさに切る。えびは殻をむき、背わたを取る。マッシュルームは表面のよごれをキッチンペーパー等で拭く。

2 にんにくは縦半分に切って芽を取り、つぶす。アンチョビはちぎっておく。赤とうがらしは種を除き半分に割る。

3 火にかけられる土鍋にすべての食材を入れ、ココナッツオイルをひたひたくらいまで注ぎ、中火にかける。ふつふつしてきたら、塩・こしょうをふって弱火で10～15分煮る。

1 人分の糖質 1.9 g

えびの湯葉春巻き

上質なたんぱく質の湯葉で糖質 OFF。ココナッツオイルで揚げると、冷めてもパリパリ。

〈材料〉２人分

えび	8尾
生湯葉（18cm 角）	4枚
大葉	8枚
アスパラ	1～2本
いんげん	4本
黄パプリカ	1/4 個
赤パプリカ	1/4 個
ココナッツオイル（無臭）	適量

one point

◆ えび以外の具材はお好みで。

〈作り方〉

1 えびは殻をむき、背わたを取り、切り込みを入れてまっすぐにする。

2 アスパラ、いんげん、パプリカはすべて固めにゆでて、えびと同じ長さに切りそろえる。

3 生湯葉の上に大葉２枚を敷き、その上にえび、アスパラ、いんげん、パプリカをのせてきつめに巻く。

4 鍋にココナッツオイルを 170℃に熱し、表面がきつね色になるまでカラリと揚げる。

Part 3

これさえあれば最強！
〝マイ〟調味料

ココナッツオイルに出会う前は
バターやカレールーを手作りするなんて
考えられませんでした。今となってはもう
私にとって欠かせない品々です！

ココマヨネーズ

脂質が多いマヨネーズも
ココナッツオイル100%で大安心！

糖質2.2g（総量）

〈材料〉作りやすい分量

卵 ……………………………… 1個
レモン汁 …………………… 大さじ1～1.5
酢 ……………………………… 小さじ1
マスタード ………………… 少々
塩 ……………………………… 小さじ1/2
こしょう …………………… 少々
ココナッツシュガー ……… 小さじ1/2
ココナッツオイル（無臭）…… 150ml

〈作り方〉

1 ココナッツオイル以外のすべての材料をボウルに入れ、混ぜ合わせる。

2 溶かしたココナッツオイルを少しずつたらしながら、フードプロセッサーまたはブレンダーでかくはんする。

3 材料がよく混ざりあったら完成。

one point

- ◆ 卵は必ず室温に戻してからご使用ください。冷たい状態ですと、材料が固まりにくいことがあります。
- ◆ ココマヨネーズは冷蔵庫に入れると固くなるので、室温に戻してからお召しあがり下さい。

＊生卵を使用しているため、必ず冷蔵保存。1～2日中に食べきるようにして下さい。

３種のディップ

ココマヨネーズに混ぜるだけ！

みそディップ

糖質 2.4g（総量）

〈材料〉作りやすい分量
ココマヨネーズ…………大さじ３
みそ………………………小さじ２

〈作り方〉
ココマヨネーズにみそを加えて混ぜる。

＊チリソースや七味とうがらしを加えても美味しいです。

コチュジャンディップ

糖質 2.4g（総量）

〈材料〉 作りやすい分量
ココマヨネーズ………大さじ３
コチュジャン…………小さじ２

〈作り方〉
ココマヨネーズにコチュジャンを加えて混ぜる。

アボカドディップ

糖質 1.1g（総量）

〈材料〉 作りやすい分量
完熟アボカド……………1/2 個
レモン汁…………………少々
ココマヨネーズ…………大さじ１
黒こしょう………………少々

〈作り方〉
アボカドはマッシュする。ココマヨネーズ、レモン汁を加え、黒こしょうで味をととのえる。

カレールー

混ぜて固めるだけ！
保存料も添加物も入っていない
100％植物性カレールー。

冷凍保存
できます。

1人分の糖質5.4g

〈材料〉作りやすい分量

A
- カレー粉………………35g
- 小麦粉…………………25g
- ココナッツシュガー…15g
- 顆粒昆布だし（無塩）……小さじ2
- 天然塩…………………10g

ココナッツオイル（無臭）……85ml

B
- しょうゆ………………小さじ2
- ソース…………………小さじ1
- ケチャップ……………小さじ1

〈作り方〉

1　Aに溶かしたココナッツオイルを加え、なめらかになるまでよく混ぜ合わせる。

2　Bを加え、素早く混ぜる。

3　製氷皿などに流し込み、冷蔵庫に入れて固める。

おからパン粉

パン粉も隠れ糖質です！ だから、おから。

冷凍保存
できます。

1カップ分の糖質4.6g

〈材料〉1カップ分
生おから……………………200g

〈作り方〉
フライパンに生おから200gを入れて中火にかけ、パラパラになるまで約20分から炒りする。バット等に入れて冷ます。

＊パン粉を使う料理に代用しましょう。

３種のバター

フードプロセッサーで混ぜるだけ

100％植物性のバター。

プレーンカシュバター

冷蔵庫で約２週間

糖質26.7g（総量）

〈材料〉10×8cm の型
カシューナッツ ……90g
（無塩、ロースト）
ココナッツオイル…50ml
（無臭）
塩……………小さじ 1/4

〈作り方〉

1 ココナッツオイルが固形の場合、あらかじめ湯煎で溶かしておく。

2 すべての材料をフードプロセッサーに入れて、なめらかになるまで混ぜる。

3 素早く保存容器に移し、冷蔵庫で固める。固まったら、食べやすい大きさに切る。

パセリバター

冷蔵庫で１～２日以内

糖質7.0g（総量）

〈材料〉作りやすい分量
プレーンカシュバター
…………………1/4 量
パセリのみじん切り適量
レモン汁………少々

〈作り方〉

1 プレーンカシュバターを室温に戻し、しっかり水気を切ったパセリのみじん切りとレモン汁を加え、よく混ぜる。

2 混ざったら、冷蔵庫に入れて、再び固める。

パセリ＆オレンジバターにヨーグルト小さじ1を混ぜ、再び冷やし固めると発酵バター風になります。

オレンジバター

冷蔵庫で１～２日以内

糖質6.7g（総量）

〈材料〉作りやすい分量
プレーンカシュバター
……………………1/4 量
オレンジの皮……少々
（小さくけずったもの）

〈作り方〉

1 プレーンカシュバターを室温に戻し、オレンジの皮を混ぜる。

2 混ざったら、冷蔵庫に入れて、再び固める。

Part 4

やっぱり食べたい

“粉もん”

パン
ピザ
お好み焼き
＋
炒飯

いくらNGと言われても
食べたくなるのが炭水化物。
そんなあなたのために
糖質を気にせずお腹いっぱい食べられる
とっておきのレシピ♪です。

ココナッツフラワーはブランドにより吸水の割合が変わることがありますので、
分量は適宜ご調整下さい。

1切れ分の糖質 4.3g

ココナッツフラワーの低糖質ブレッド

ココナッツフラワーを使ったグルテンフリー（小麦粉なし）の低糖質ブレッド。
豊富な食物繊維で少量でもお腹いっぱいです。

〈材料〉

20 × 7 × 6㎝のパウンド型1個分

卵……………………………6個

はちみつ……………………大さじ1

ココナッツオイル（無臭）……220ml

A
- ココナッツフラワー…80g
- ベーキングパウダー…小さじ1
- 塩……………………小さじ 1/3

one point

◆ 卵は室温に戻してからご使用下さい。

◆ お好みでオレンジバターを添えても美味しいです（作り方は P59 参照）。

◆ きっちりラップをして冷蔵庫に保存すると、よりしっとりした食感になります。

◆ はちみつの量を3～4倍にすると、おやつブレッドになります。

＊5分休ませている間にココナッツフラワーが水分を吸収して一気に量が減りますが失敗ではありません。

〈作り方〉

1 室温に戻した全卵を、生地が白くもったりするまでしっかり泡立てる。

2 溶かしたココナッツオイルとはちみつを加えてさらに混ぜ合わせる。

3 Aをふるい、2に加え、しっかり混ぜ合わせる。

4 5分休ませる（必ず）。

5 パウンドケーキの型に生地を入れ、トントンと空気を抜き、へらで中央に切れ目を入れる。170℃に予熱したオーブンで 30 ～ 40 分、黄金色に色づくまで焼く。
竹串を刺して、ついてこなければ焼き上がり。

〈材料〉直径 14cm ４枚分

卵 ……………………………小２個
ココナッツミルク …………60ml

A
- ココナッツフラワー…50g
- ベーキングパウダー…小さじ 1/4
- 塩 ……………………小さじ 1/4

オレガノ …………………小さじ 1/2
バジル ……………………小さじ 1/2
ココナッツオイル（無臭）…適量

one point

◆ オレガノとバジルの代わりに白すりごま小さじ１を加えても香ばしくて美味しいです。

◆ ピザ生地は少しずつ広げると上手に形成できます。

〈作り方〉

1 卵とミルクを混ぜ合わせて、A をふるって、加える。

2 オレガノ、バジルを加えて、ひと固まりになるまで混ぜ合わせる。

3 ２を４等分してオーブンシートの上でセルクルを使い形を整える。180℃のオーブンで 10 ～ 12 分、両面が薄く色づくまで焼く。

4 ３にピザソースを塗り、お好みの具材やピザ用チーズをのせ、ココナッツオイルをふりかけ、オーブントースターで焼き色がつくまで焼く。

1 枚分の糖質 2.0g

グルテンフリーのピザ

混ぜて伸ばすだけでできる、簡単グルテンフリー（小麦粉なし）のピザ生地。
丸が難しい場合は、四角やだ円でもＯＫ。焼いた生地は冷凍保存できます。

1枚分の糖質13・5g（ソース類は含んでいません）

小麦粉なしdeお好み焼き

もっと、糖質制限したい方は、ソースの代わりにポン酢であっさり大人味に。

〈材料〉２枚分

キャベツ……………………２枚
万能ねぎ……………………４本
桜えび………………………大さじ２

生地
- ココナッツフラワー大さじ３
- 卵 ……………………１個
- 長芋 …………………100g
- 顆粒だし …………大さじ１
- 水 ……………………大さじ２

ココナッツオイル……大さじ２
（無臭）

ウスターソース・マヨネーズ・ポン酢・青のり・かつお節　各適量

〈作り方〉

1. キャベツはせん切り、万能ねぎは小口切りにする。長芋はすりおろしておく。
2. ボウルに生地の材料をよく混ぜ合わせる。キャベツ、万能ねぎ、桜えびをさらに混ぜ合わせる。
3. フライパンにココナッツオイルを熱し、生地の半量を流し入れる。火が通るまで、弱火でふたをして、両面がきつね色になるまで焼く。好みでウスターソース・マヨネーズ・ポン酢・青のり・かつお節をのせる。

one point

◆ 生地が柔らかいので、返すときは丁寧に！

1人分の糖質4・0g

豆腐とおからの炒飯風

ご飯じゃないけど、冷めても美味しい絶品炒飯にびっくり!

〈材料〉２人分

豆腐……………………１丁（300g）
生おから………………50g
ココナッツオイル……大さじ２
（無臭）

長ねぎ（みじん切り）…1/2本
ハム（みじん切り）……４枚
ザーサイ（みじん切り）40g
溶き卵　………………１個分
塩・こしょう…………少々
しょうゆ………………少々
レタス…………………２枚

one point

◆ 豆腐の水気を切るのに急いでいる時はペーパータオルで包んだ豆腐をレンジで加熱すればOK！（１丁につき600Wで４～５分）

〈作り方〉

1 豆腐はしっかりと水気を切る。

2 フライパンにココナッツオイルを熱し、おからをさっと炒める。

3 豆腐を加え、水気がなくなるまで炒める。

4 ねぎ、ハム、ザーサイを加え、塩・こしょうで味をととのえて、溶き卵を加える。

5 しょうゆを鍋肌から回し入れる。

6 レタスをちぎって加え、軽く混ぜる。

糖質 2.6g（総量）

高野豆腐のスナック

スナック菓子もタンパク質量が多い高野豆腐で。カレー·チリ·チーズなど味もバリエ豊かに。

〈材料〉

戻した高野豆腐……2 個
カレー粉……………適量
チリパウダー………適量
粉チーズ……………適量
ココナッツオイル…適量
（無臭）

〈作り方〉

1 戻した高野豆腐を細切りにする。

2 フライパンにココナッツオイルを熱し、1 をカリッとなるまでじっくり弱火で焼く。

3 好みでカレー粉、チリパウダー、粉チーズをまぶす。

【高野豆腐の戻し方】

〈材料〉

高野豆腐…………2 個
コンソメの素……1/2 個
水…………………150ml

1. 鍋に 150ml の湯を沸かしてコンソメの素を溶かす。
2. 溶かしたお湯を冷まし、高野豆腐をひたす。
時々上下を返し、全体がふっくらするまで戻す。
3. 芯まで戻ったら、水気をしっかり絞る。

1 枚分の糖質 1.1 g

高野豆腐のスナックピザ

ピザ生地作りは忙しくて無理！　という方には、クイックに作れるこちらがおすすめ。

〈材料〉

戻した高野豆腐 …………2 個
(戻し方は P68 参照)
ピザソース ………………適量
ベーコン、ハム、ピーマン
などお好みの具材
ピザ用チーズ ……………適量
ココナッツオイル（無臭）適量

one point

◆ 戻した高野豆腐はしっかり水気を切りましょう。

〈作り方〉

1 戻した高野豆腐の厚さを 1/3 にカットする。

2 フライパンにココナッツオイルをひき、高野豆腐が両面薄く色づくまで焼く。

3 ピザソースを塗り、お好みの具材とピザ用チーズをのせ、ココナッツオイルをふりかけ、オーブントースターでチーズがとけるまで焼く。

Part 5

タップリ食べましょ

解毒！ベジタブル

野菜は生と火を通したものを
バランスよく食べるのがお約束。
1 日 350g を意識して
しっかり、いただきましょう！

イモ類・根菜は糖質高めです。ダイエット中はご注意下さい。

1人分の糖質 14.4g

焼き野菜のホットオイルソース

ココナッツオイルたっぷりの焼き野菜。
甘みが増して、驚きの美味しさ！

〈材料〉2人分

白菜……………………1/8個
かぶ（小）…………2～3個
ブロッコリー………1/4株
エリンギ……………1本
好みの野菜…………適量
（レンコン・ミニトマト・パプリカ・カリフラワー・アスパラ・オクラなど）
ベーコン……………6枚

白ワイン…………大さじ2
（または酒）
酢…………………大さじ2
しょうゆ…………大さじ1
レモン汁…………大さじ2
こしょう…………少々
ココナッツオイル…大さじ3
（無臭）

〈作り方〉

1 白菜は芯をつけたまま、8等分に切る。かぶは皮つきのまま、くし形に切る。ブロッコリーは小房に分ける。ベーコンは5㎜幅に切る。エリンギと好みの野菜は食べやすい大きさに切る。

2 フライパンにココナッツオイル大さじ2を熱し、白菜、かぶ、その他の野菜を入れ、こんがりと焼き色がつくまで表面を焼く。ブロッコリーと白ワインを加え、ふたをして蒸し焼きにする。火が通ったら器に盛り付ける。

3 フライパンにココナッツオイル大さじ1を足してベーコンをカリカリに炒め、酢、しょうゆを加えて煮立ったら、レモン汁を加え、こしょうで味をととのえ、熱いうちに野菜にかける。

１人分の糖質 7.3g（内ソースの糖質 2.8g）

バーニャカウダ風サラダ

豆乳とココナッツミルクとココナッツオイルで作ったソース！　あっさりいただけます。

〈材料〉２人分

にんにく………………２片
ココナッツオイル……大さじ２
（無臭）
アンチョビペースト…大さじ 1/2
無調整豆乳……………50ml
ココナッツミルク……50ml
塩・こしょう…………少々

〈作り方〉

1 にんにくをみじん切りにして、ココナッツオイルで炒める。香りが立ってきたら、アンチョビを加え、よく炒める。

2 無調整豆乳とココナッツミルクを加え、塩・こしょうで味をととのえる。

3 粗熱をとってミキサーにかけ、お好みの野菜に添える。

one point

◆ソースは冷蔵庫で冷やすことでクリーム状になります。

１人分の糖質 1.2g

アボカドとえびのタルタル

アボカドは美肌に効果的なスーパーフード！　腹持ちもよく、ダイエットの強い味方です。

〈材料〉２人分

完熟アボカド……………1/2 個
むきえび…………………４尾
セロリ……………………1/8 本
パプリカ…………………1/4 個
A
- レモン汁 …………小さじ２
- ココマヨネーズ …大さじ 1/2
（作り方は P56 参照）（※市販品でも可）
- ワサビ ……………少々
- しょうゆ …………少々
- 塩・こしょう ……少々

ディル……………………適宜
パプリカパウダー………適宜

〈作り方〉

1 むきえびは背わたを取り、さっとゆで、３尾はサイコロ状に切る。１尾は半分の厚さに切り、飾り用に取っておく。

2 セロリ、パプリカはみじん切りにし、完熟アボカドは皮と種を除き、粗くつぶす。

3 ボウルに完熟アボカド、むきえび、セロリ、パプリカを入れ、Aを入れて混ぜ合わせる。

4 セルクルで型を抜き、飾り用に取っておいたむきえびと、あればディルを飾り、お好みでパプリカパウダーをふる。

１人分の糖質 1.1ｇ

キャベツのココナッツオイル炒め

キャベツがこんなに美味しいなんて！　もう手が止まりません！

〈材料〉２人分

キャベツ……………………３～４枚
ココナッツオイル（無臭）…大さじ２
塩・こしょう………………少々
粗びき黒こしょう…………適宜

one point

◆ ベーコンを加えても美味しいです。

〈作り方〉

1 キャベツは食べやすい大きさに手でちぎる。

2 フライパンにココナッツオイルを熱し、キャベツを炒める。塩・こしょうで味をととのえる。

3 器に盛り、好みで粗びき黒こしょうをふる。

１人分の糖質 12.1g

おからのポテトサラダ風

ポテトサラダもじゃがいも半分で低糖質に！　ダイエットの味方です。

〈材料〉２人分

生おから……………50g
じゃがいも…………１個
きゅうり……………1/2 本
塩……………………少々
ハム（糖質０のもの）２枚
無調整豆乳…………大さじ３
マスタード…………大さじ 1/2
ココマヨネーズ……大さじ２
（作り方は P56 参照）（※市販品でも可）
塩・こしょう………少々

〈作り方〉

1 おからは、耐熱皿に入れラップをせずに２～３分レンジで加熱する。じゃがいもはレンジで柔らかくなるまで加熱し、熱いうちに皮をむいてマッシュする。

2 きゅうりは薄い輪切りにして塩をふり、しんなりしたら水気を絞る。ハムも食べやすい大きさに切る。

3 冷めたおからに無調整豆乳を混ぜ、少ししっとりしてきたら、じゃがいも、きゅうり、ハム、マヨネーズ、マスタード、塩・こしょうを加え、よく混ぜ合わせる。

＊じゃがいもの糖質を控えたい方はすべておからでもＯＫ！

Part 6

朝から元気

egg & soup & drink

朝は中鎖脂肪酸たっぷりの
ココナッツオイルやココナッツミルクで
ケトン・エネルギーをチャージ！
１日のスタートに欠かせないレシピを集めました。

SEC
A L'EAU

1人分の糖質 7.1g

エッグスラット

卵は完全栄養食。美肌のためにも積極的に食べましょう。
ひと手間かけられる休日の朝に、お腹も大満足のボリューミーな朝食はいかが？

〈材料〉2人分

じゃがいも……………………80g
ココナッツミルク…………大さじ1
無調整豆乳……………………大さじ1
ココナッツオイル（無臭）…大さじ1
クリームチーズ……………10g
ハム…………………………少々
卵……………………………2個
塩・こしょう………………少々

〈作り方〉

1 じゃがいもは洗ってラップに包みレンジで柔らかくなるまで加熱し、熱いうちに皮をむき、マッシュポテトにする。

2 1にクリームチーズを加え、ココナッツミルク、無調整豆乳、ココナッツオイルを少しずつ加えて、塩・こしょうで味をととのえる。

3 耐熱瓶（または耐熱グラス）にマッシュポテトを半量入れて、卵を割り入れる。

4 鍋にお湯を沸かして、耐熱瓶を入れる。耐熱瓶の縁より少し下までお湯を注ぎ、弱火で10～12分加熱し、卵が半熟になったら取り出す。

one point

◆ 卵は湯面より出ないように、カップの中のマッシュポテトで高さを調整して下さい。

◆ 鍋で加熱する場合、底にキッチンペーパーを敷くと耐熱瓶が安定します。

1人分の糖質 10.2g

カボチャのポタージュ

β - カロテン豊富なカボチャが身体も心も温めて、カップ1杯で満腹です。

〈材料〉 3～4人分

カボチャ……………………………200g
無調整豆乳…………………………150ml
ココナッツミルク…………………50ml
ココナッツオイル(無臭) …………小さじ2
チキンスープの素…………………1/2個
塩・こしょう………………………少々

one point

◆ オレンジバターを添えるとお洒落な味になります(作り方はP59参照)。

〈作り方〉

1 カボチャは皮をむき、薄切りにする。

2 鍋にカボチャとひたひたの水、チキンスープの素を入れて、柔らかくなるまで煮る。

3 柔らかくなったら、木べらでつぶす。

4 無調整豆乳、ココナッツミルクを加えて溶きのばす。

5 ココナッツオイルを加え、塩・こしょうで味をととのえる。

1人分の糖質 2.8g

カリフラワーの白いスープ

野菜の中でも糖質が低いカリフラワーは、ビタミンCが豊富で栄養価も高い優等生。

〈材料〉 3～4人分

カリフラワー……………………………200g
無調整豆乳………………………………150ml
ココナッツミルク………………………50ml
ココナッツオイル（無臭） …………小さじ2
チキンスープの素………………………1/2 個
ベーコン…………………………………少々
塩…………………………………………少々
黒こしょう………………………………少々

〈作り方〉

1 カリフラワーは一口大に切る。

2 鍋に1を入れて、ひたひたの水とチキンスープの素を入れてサッと煮る。

3 無調整豆乳、ココナッツミルク、ココナッツオイルを加える。

4 ブレンダーかミキサーでなめらかにし、塩、黒こしょうで味をととのえる。

5 ベーコンをカリカリに炒めてトッピングする。

one point

◆ まるで生クリームを入れたように濃厚でまろやかです。無調整豆乳とココナッツミルクの割合はお好みで。なければ牛乳を使ってもＯＫ。

ダイエットスムージー

野菜と果物の酵素とミネラルを簡単にたくさん摂れます。レシピはあくまでも目安。
冷蔵庫にあるもので、自分だけのオリジナルスムージーを作りましょう！

1 人分の糖質13.4g
トマトの美白スムージー

〈材料〉 2人分
トマト ……………………………2個(130g × 2)
みかん（またはオレンジ）…………40g
リンゴ ……………………………50g
水 …………………………………100ml
ココナッツオイル（無臭） ………大さじ1
ココナッツフラワー（あれば）……小さじ2

1 人分の糖質10.7g
小松菜とアボカドのアンチエイジングスムージー

〈材料〉 2人分
小松菜………………………………1株(40〜50g)
リンゴ………………………………1/2 個（140g）
パイナップル………………………20g
完熟アボカド………………………1/4 個
水 …………………………………300ml
エキストラバージンココナッツオイル …大さじ2

1 人分の糖質10.2g
にんじんとリンゴの美肌スムージー

〈材料〉 2人分
にんじん …………………………小1本(150g)
リンゴ ……………………………1/4 個（70g）
レモン汁 …………………………少々
水 …………………………………250 ~ 300ml
エキストラバージンココナッツオイル…大さじ2
ココナッツフラワー（あれば） …小さじ2

【下準備】

ココナッツオイルが固形の場合はあらかじめ湯煎で溶かしておく。

〈作り方〉

1 野菜と果物はよく洗い適当な大きさに切っておく。

2 1と他のすべての材料をミキサーにかけ、なめらかになるまで混ぜ合わせる。

one point

◆ 溶かしたココナッツオイルは、しっかりミキシングすればきれいに乳化します。

◆ ココナッツフラワーを入れると濃度が増し、腹持ちがよくなります。

1 人分の糖質 6.4g

ココアとココナッツフラワーのダイエットドリンク

ココナッツフラワーの食物繊維とオイルで、お昼までお腹を満たしてくれる最強ダイエットドリンク。レンジで温めて混ぜるだけなので、忙しい朝でも大丈夫！

〈材料〉1 人分

A
- ココアパウダー………大さじ 1
- ココナッツミルク……50ml
- 無調整豆乳……………150ml
- ココナッツフラワー…小さじ 1
- はちみつ………………小さじ 1/2

エキストラバージンココナッツオイル
……………………………大さじ 1

〈作り方〉

1 A をカップに入れ、レンジで温める。

2 1 にココナッツオイル（固形でも可）を加え、ミキサーでかくはんする。

one point

◆ カプチーノミキサーを使うときれいに乳化します。

◆ 夏場は、シェイカーにすべての材料を入れて振り混ぜると、冷たいままでも、美味しくいただけます。

◆ ココナッツフラワーは溶けにくいため、粒が残りやすいので、のどにつかえないようご注意下さい。

Part 7

たまにはね～

魅惑のデザート

麗しの最強レシピならば、糖質制限中でも
デザートだって食べられちゃう！
糖質を控えめにした、とっておきのスイーツたち。
甘みが恋しくなったら、ぜひお試し下さい。

ココナッツオイルが固まっている時期は、必ず完全に溶かしてからお使い下さい。
白濁したままではきれいに混ざりません！

1枚分の糖質 1.8g

ココパンケーキ

ココナッツフラワーのパンケーキは、もっちり・しっとり！
太る心配がないので、おやつにも朝食にもぴったりの一品です。

〈材料〉直径 10cm 4枚分

ココナッツフラワー……………………20g
ココナッツシュガー……………………20g
無調整豆乳………………………………100ml
卵（卵黄と卵白を分けておく）………1個
ココナッツオイル（無臭）……………10g
バニラエッセンス………………………少々

〈作り方〉

1 ボウルに卵黄、溶かしたココナッツオイル、ココナッツシュガー、無調整豆乳、バニラエッセンスを入れて、しっかり混ぜ合わせる。さらにココナッツフラワーをふり入れて、混ぜる。

2 別のボウルに卵白をツノが立つくらいまでしっかり泡立てる。

3 1に卵白を3回に分けて入れ、さっくりと混ぜ合わせる。

4 フライパンを熱し、分量外のココナッツオイルを薄くひく。

5 フライパンの底を一瞬、濡れ布巾で冷ます（冷ましすぎに注意！）。

6 フライパンを再び弱火にかけ、生地を直径 10cm くらい流し込む。

7 弱火～中火で表面が乾くまで焼き、裏返す。

8 裏返したら、ふたをしてこんがり焼く。

one point

◆ ココナッツシュガーは量を減らしても、入れなくても美味です。

◆ ベリー類、柑橘《かんきつ》類等、糖質の少ないフルーツをトッピングしましょう！

糖質 40.3g（総量）

生チョコレート

混ぜて固めるだけの超簡単な太らない生チョコ！
なめらかな口溶けにびっくり、ちょっとビターなオトナの味です。

〈材料〉作りやすい分量

ココナッツオイル（無臭）……100ml
ココアパウダー………………30g
はちみつ………………………30 ～ 40g
白練りゴマ……………………20g
ローストナッツ（無塩）………100g

A

B

＊仕上がりの大きさは、
9cm×14cm です（約15 片）。

〈作り方〉

1 ボウルに溶かしたココナッツオイルとココアパウダーを入れて、泡立て器でなめらかになるまで混ぜる。

2 白練りゴマとはちみつを加えて、さらに混ぜる。

3 ２を冷蔵庫に入れて、周りが薄っすらと固まるまで冷やす（写真Ａ）。固まりすぎると混ぜるのが大変なので要注意！

4 ３をなめらかになるまでよく混ぜて、クリーム状になったら刻んだローストナッツを混ぜ合わせ、素早く型に入れて、冷蔵庫でしっかり冷やし固める（写真Ｂ）。

5 型から取り出し、食べやすい大きさにカットする。

6 ココアパウダーをまぶす。

one point

◆ ブランデーやラム酒を加えるとよりオトナの味になります。

◆ はちみつをラカントＳに代えればさらに低糖質に！

◆ 白練りゴマの代わりにピーナッツペーストでも美味しくできます。

1人分の糖質 9.0g（フルーツを除く）

カスタード♡トライフル

小麦粉を使わない究極のカスタードクリーム。文句なしに美味しい！

〈材料〉２人分

A
- 卵黄……………………２個分
- はちみつ……………大さじ１～1.5
- ココナッツオイル…大さじ１
  （無臭）
- 無調整豆乳…………50ml
- ココナッツミルク…50ml

バニラエッセンス　………２～３滴

＊ココナッツオイルは完全に溶かしてからお使い下さい。

＊材料は常温に戻しておいて下さい。

〈作り方〉

1 カスタードクリームを作る。
耐熱容器にＡの材料を順番に入れ、泡立て器でよく混ぜる。
ラップをして500Ｗのレンジで、もったりするまで約２分加熱する（生地がゆるいときは、さらに30秒ずつ加熱する）。

2 取り出したら、１を泡立て器でよく混ぜ、そのまま冷ます。粗熱が取れたらバニラエッセンスを加えて混ぜ、冷蔵庫で冷やす。

3 グラスにカスタードクリームを入れて、お好みのフルーツを飾り付ける。

1人分の糖質 6.5g

リンゴのココナッツオイルソテー

ど～しても甘いものを食べたくなったらコレ！
スライスしたリンゴを焼いただけで、砂糖なしの美味しいデザートに♡

〈材料〉２人分

リンゴ……………………1/2個
エキストラバージン
ココナッツオイル………大さじ1
シナモン…………………少々

＊リンゴは意外に糖質が多いので、食べ過ぎにご注意下さい。

〈作り方〉

1 リンゴは芯を取ってスライスする。

2 フライパンにココナッツオイルを熱し、リンゴをこんがり焼く。お好みでシナモンをふる。

ココナッツマイスター・枡田浩二氏に聞く！

ココナッツオイル何でもQ&A

このページでは、ココナッツマイスターである枡田浩二氏に、ココナッツオイルの疑問に答えてもらいます。

Q1 ココナッツオイルは、いつ摂るのが一番良い？

A1 いつでも大丈夫ですが、脳もカラダもガス欠状態の朝は特におすすめ！ 飲み物に繊維質が多いココナッツフラワーと一緒に入れれば、お昼まで満腹です。

Q2 1日どれだけ摂ればいい？

A2 人間の遺伝子は脂質の消化の仕方を知っているため、摂り過ぎる前に「もういらない！」と体が教えてくれます。特にケトン・ダイエットの実践時は不足しがちな熱量を脂肪やオイルで補いましょう。他のオイルからココナッツオイルへ変更する際は、身体がオイルに慣れるまで大さじ2杯ぐらいから始めるとよいでしょう。

Q3 やっぱりバージンココナッツオイルが一番効果的？

A3 ココナッツオイルにはバージンオイル、クッキングオイルがあります。クッキングオイルは自然な製法で作ればバージンオイルと比較して脂肪酸組成は変わりません。中鎖脂肪酸由来の効果は同様です。

Q4 オーガニック認証があるオイルとないオイルの違いは？

A4 大きな経済的負担のために有機認証を受けない小規模農家・生産者の中にも高品質な製品を生産するところが数多くあります。生産者の姿勢や品質への取り組みなどを総合的に判断して消費することで小規模農家の経済の安定に貢献できます。

Q5 脂っこいものが苦手です。

A5 脂っこいものが苦手な理由は胃のもたれ感でしょうか？ そのもたれ感はご飯や麺など糖質と一緒に脂質を摂取することで起こります。一度糖質を減らした食事で試してみて下さい。

Q6 ココナッツオイルを使って良かったことは？

A6 髪の毛や肌のつやに明らかに変化が出てきました。何よりも食事が美味しく、楽しめるようになりました。

Q7 ココナッツオイル以外のココナッツフーズについても教えて！

A7 私が携わっている小規模農家が生産しているココナッツフーズを㈱生活科学研究会が流通しています。

■ココナッツフラワー

バージンココナッツオイルの搾りかすを粉末にした製品です。食物繊維が40％も含まれています。小麦粉と比べて糖質が３分の１以下。低糖質なブレッドやケーキを作れます。

■ココヤシ ナチュレチョコレート

カカオを苗の育成から。砂糖の代わりにココ椰子の花蜜糖を使って生産された「TREE TO BAR」チョコレートです。

■純ココヤシハニー酢ドリンクココネクタス

ココ椰子の花蜜を使った天然ハニービネガー。人工着色料、香料、保存料、砂糖を一切使わない無添加物で作りあげた、自然な美味しさの健康ドリンクです。

■ココヤシの蜜 ナチュレハニー

厳選されたココ椰子から採取された花蜜糖です。口に含むとまろやかに広がる風味をお楽しみ下さい。

■COCO卵

ココナッツオイルとココナッツの搾りかすを飼料として育った鶏たちの卵です。懐かしく優しい味の黄身と臭みのない白身が特徴の卵です。配合飼料にココナッツオイル以外の植物油を使っていません。

Q8 今後もココナッツオイルブームは続く？

A8 ブームとは流行って廃れる現象のことです。「新しい健康オイル」としてのココナッツオイルの流行はココナッツ特有の香りになじめなかった多くの人の中で終わっていると感じています。しかし、バージンオイルと同じ脂質成分を持つ無臭タイプのココナッツオイルを使うことで、食生活の一部として健康意識の高い消費者層に確実に浸透していくでしょう。その中でココナッツオイルの持つ力に気付いた消費者がバージンオイルをスペシャルティ料理やスキンケアに応用していっています。

回答者　枡田浩二氏

NPO法人
21グローバルクラブ　理事長
ココナッツマイスター
ニューヨーク大学卒業
ペンシルバニア大学
ウォートンスクールMBA
米国公認会計士

15歳より単身渡米。世界最大の自動車会社米国本社にて戦略企画、マーケットリサーチ、広告企画、ブランド管理などに従事。フィリピン駐在時にココナッツの魅力と出会う。２００６年よりココナッツ農園の開発を開始。小規模生産者の経済的自立支援、ココナッツ製品の普及、消費者教育を行っている。

おわりに。

初めてお会いする人に必ず聞かれること。「中野さん、何を食べているのですか？」。それは多分、私が年齢不詳（笑）だからだと思います。勿《もち》論《ろん》、若い頃から、美容のため、太らないため、「食」にはとてもこだわりがありましたし、ずいぶんと勉強もしてきました。ですが、そもそもが元来の食いしん坊。どんなに身体に良くても美味しくないものは食べたくありません。

そんな時に出会ったのがココナッツオイルです。最初はあまりの効果・効能に、正直、胡散《うさん》臭さも感じつつ（笑）、半信半疑？　お料理に使ってみたら、あ~らびっくり、そのミラクルパワーもさることながら、何を作っても美味し~！　身体に良くてこんなに美味しいなんて!!

もう、完全にココナッツオイル信者と化した私は、さらに猛勉強。ケトン体や人の身体への様々な健康効果、ココ椰子の信じられないパワーを深く知ることになります。

そんな中、ココナッツオイル人気が一気にヒートアップ！　多くの人がすぐに飛びつくも、結局使いこなせずにキッチンの片隅で眠らせている…。そのことが、とても残念でなりませんでした。

「もっと美味しく、ココナッツオイルを食べてほしいなぁ…。私がいつも食べている物でよければ、皆さまに教えて差し上げたい！」。そんな何気ない発想からこの本の出版が決まったのです。レシピの完成度を上げるために、オイルだけでなく、その他のココナッツフード達にも登場してもらうことになり、気が遠くなる程、試作や失敗を繰り返した結果、新たなレシピも沢山生まれました。

今回、ココナッツマイスター講座を開催している「ＮＰＯ法人21グローバルクラブ」の理事長・枡田浩二氏、ココナッツオイル・フラワー等をご提供下さった「株式会社生活科学研究会」さまから多くのお力添えをいただきました。そのおかげで、皆さまに食べていただきたい「麗しの最強レシピ」をご紹介出来たこと、大変うれしく思います。本当にありがとうございました！

撮影中、原稿書きの途中でも新しいアイデアがどんどんわいてきて、ついにはページも時間も足りなくなってしまい、編集のマツザキヨシユキさん、三村真佑美さん、城村典子さんには大変ご心配をおかけしました。

また、カメラマンの久保成人さん。フードコーディネーターの矢田智香子さん。調理を手伝ってくれた田代敦子さん。連日深夜までの撮影、ありがとうございました。心より感謝します。

そして、私が観光大使を務めさせていただいている「長崎県松浦市」の青く豊かな海から、美味しいお魚をご提供いただきましたこと、心より御礼申し上げます。

私はこのミラクルなオイルをいっときの流行で終わらせたくはありません。

なぜ身体に良いのか？　なぜ太らないのか？　しっかりご理解いただき、毎日、美味しく召し上がっていただければ最高に嬉しいです。

そして、素晴らしいココナッツフード達とこの本が、これからもずーっとずーっと皆さまの食生活と、アンチエイジングに欠かせないものになりますことを心より願っております。

２０１６年5月吉日

中野ちさと

中野ちさと

1958年生まれ。福岡県出身。1977年、ミス福岡。モデルとしてショーやポスターなどで活躍する。1985年、日本初のレンタルブティック『21st』をオープン（2016年現在、登録会員数 37000人）。1995年より雑誌にエッセイを掲載、美の達人・ココナッツフーズエキスパートとして講演、セミナーなどで活躍。2014、15 年にはミスユニバース日本代表の美の教育係を担当。キレイになりたい人のためのプライベートレッスン『美容道場』も人気を博している。2015年『第 8 回ミセス日本グランプリ』グランプリ受賞。
著書：『ひらけ！美の鏡』(西日本リビング新聞社)
ブログ：『中野ちさと美容道場』http://ameblo.jp/chisaton21/
Facebook：https://www.facebook.com/chisato.nakano.18

◇お問い合せ／株式会社＆C
TEL : 092-771-9655　MAIL : info@and-c.co.jp　URL: http://www.and-c.co.jp

ココナッツオイル＆低糖質《ていとうしつ》
麗《うるわ》しの最強《さいきょう》レシピ

2016年5月30日　初版発行
2018年4月4日　2 刷発行

著　者　中野《なかの》ちさと
監　修　枡田浩二《ますだこうじ》
発行人　松崎義行
発行所　株式会社みらいパブリッシング
東京都杉並区高円寺南 4-26-5 YSビル3F 〒166-0003
TEL03-5913-8611　FAX03-5913-8011
http://miraipub.jp
E-mail : info@miraipub.jp
発売所　星雲社
東京都文京区水道 1-3-30 〒 112-0005
TEL03-3868-3275　FAX03-3868-6588
印刷・製本　株式会社上野印刷所

撮影／久保成人　音なぎ潤一
スタイリスト／矢田智香子
調理協力／田代敦子
管理栄養士／小池友紀、他
企画／城村典子
取材編集／三村真佑美
装幀／堀川さゆり
制作／ポエムピース

落丁・乱丁本は弊社宛にお送り下さい。送料弊社負担でお取り替えいたします。

ISBN978-4-434-21663-3　C0077